EL MUNDO EN LA AGONÍA

MIGUEL DELIBES

EL MUNDO EN LA AGONÍA

ILUSTRACIONES DE CELESTINO PIATTI

CÍRCULO DE LECTORES

Este libro constituye un llamamiento a la cordura y a la necesidad de dar al progreso un enfoque que conceda prioridad, ante todo, a la vida, a la solidaridad entre los hombres y a la concordia del hombre con la Naturaleza.

Procede del discurso que Miguel Delibes pronunció con motivo de su ingreso en la Real Academia Española el 25 de mayo de 1975. Su contenido, a un tiempo voz de alarma y apelación a la conciencia moral universal, causó honda impresión entre los asistentes.

Hoy podemos decir, además, que su palabra resultó premonitoria. Abusos tan graves como los que provocaron el síndrome tóxico con el aceite de colza a principios de 1981, accidentes como el de Bhopal, en la India, a fines de 1984, el de Chernobyl en abril de 1986, la contaminación del Rin en noviembre del mismo año, o el desastre del buque *Cason* en la costa gallega en diciembre de 1987 evidencian la vigencia y actualidad de este texto.

Celestino Piatti, artista suizo en cuya extensa obra encontramos constantes referencias a la Naturaleza y a la vida, se ha sentido muy identificado con el mensaje de este libro y lo ha apoyado mediante sus ilustraciones. Nos complace ser los primeros en ofrecer una muestra de su arte al público español.

Con la conjunción de ambas aportaciones, la de Delibes y la de Piatti, nos hemos propuesto poner en manos del lector no sólo un libro atractivo sino un elemento de reflexión capaz de potenciar una amplia toma de conciencia acerca de los graves problemas que afectan al entorno medioambiental y a nuestra propia existencia. El propósito es ambicioso. Por amor a la vida, deseamos verlo cumplido.

Círculo de Lectores

I

EL SENTIDO DEL PROGRESO DESDE MI OBRA

Debo reconocer que la elección de tema para mi discurso de ingreso a la Academia no me ha sido fácil. El carácter literario de la misma, me empujaba, casi fatalmente, en este sentido. Pero, ¿cómo meterme en literaturas ante un auditorio tan competente en esta materia? Estaba, por otra parte, la actitud de mis compañeros periodistas, después de mi elección, poniendo el acento en mi vocación campestre; «Un cazador a la Academia», «Del campo a la Academia», «Un cazador que escribe», fueron titulares frecuentes en diarios y revistas en aquella efemérides. ¿No estarían ellos, al sentar estas afirmaciones verdaderas, abriéndome el cauce por donde mis palabras deberían discurrir? ¿Por qué no traer a la Academia una de las preocupaciones fundamentales, si no la principal, que ha inspirado desde hace cinco lustros mi carrera de escritor? ¿No es mi concepto del progreso algo que está en palmaria contradicción con lo que viene entendiéndose por progreso en el mundo de nuestros días? ¿Por qué no aprovechar este acceso a tan alto auditorio para unir mi voz a la protesta contra la brutal agresión a la Naturaleza que las sociedades llamadas civilizadas vienen perpetrando mediante una tecnología desbridada?

He aquí, en pocas palabras, la génesis de mi discurso de esta tarde. Cuando hace cinco lustros escribí mi novela *El camino*, donde un muchachito, Daniel, el Mochuelo, se resiste a abandonar la vida comunitaria de la pequeña villa para integrarse en el rebaño de la gran ciudad, algunos me tacharon de reaccionario. No querían admitir que a lo que renunciaba Daniel, el Mochuelo, era a convertirse en cómplice de un progreso de dorada apariencia pero absolutamente irracional. Posteriormente mi oposición al sentido moderno del progreso y a las relaciones Hombre-Naturaleza se ha ido haciendo más acre y radical hasta abocar a mi novela *Parábola del náufrago*, donde el poder del dinero y la organización –quintaesencia de este progreso– termina por convertir en borrego a un hombre sensible, mientras la Naturaleza mancillada, harta de servir de campo de experiencias a la química y la mecánica, se alza contra el hombre en abierta hostilidad. En esta fábula venía a sintetizar mi más honda inquietud actual, inquietud que, humildemente, vengo a compartir con unos centenares –pocos– de naturalistas en el mundo entero. Para algunos de estos hombres la Humanidad no tiene sino una posibilidad de Supervivencia, según declararon en el Manifiesto de Roma: frenar su desarrollo y organizar la vida comunitaria sobre bases diferentes a las que hasta hoy han prevalecido. De no hacerlo así, consumaremos el suicidio colectivo en un plazo relativamente breve. Su razonamiento es simple. La industria se nutre de la Naturaleza, y la envenena y, al propio tiempo, propende a desarrollarse en complejos cada vez más amplios, con lo que día llegará en que la Naturaleza sea sacrificada a la tecnología. Pero si el hombre precisa de aquélla, es obvio que se impone un replanteamiento. Nace así el Manifiesto para la Supervivencia, un programa que, pese a sus ribetes utópicos, es a juicio de los firmantes la única alternativa que le queda al hombre contemporáneo. Según él, el hombre debe retornar a la vida en pequeñas comunidades autoadministradas y autosuficientes, los países evolucionados se impondrán el «desarrollo cero» y procurarán que los pueblos atrasados se desarrollen equilibradamente sin incurrir en sus errores de base. Esto no supondría renunciar a la técnica, sino embridarla, someterla a las necesidades del hombre y no imponerla como meta. De esta manera, la actividad industrial no vendría dictada por la sed de poder de un capitalismo de Estado ni por la codicia veleidosa de una minoría de grandes capitalistas. Sería un servi-

cio al hombre, con lo que automáticamente dejarían de existir países imperialistas y países explotados. Y, simultáneamente, se procuraría armonizar Naturaleza y técnica de forma que ésta, aprovechando los desperdicios orgánicos, pudiera cerrar el ciclo de producción de manera racional y ordenada. Tales conquistas y tales frenos, de los cuales apenas se advierten atisbos en los países mejor organizados, imprimirían a la vida del hombre un sentido distinto y alumbrarían una sociedad estable, donde la economía no fuese el eje de nuestros desvelos y se diese preferencia a otros valores específicamente humanos.

Esto, señores académicos, es quizá, lo que yo intuía vagamente, al escribir mi novela *El camino* en 1949 cuando Daniel, mi pequeño héroe, se resistía a integrarse en una sociedad despersonalizadora, pretendidamente progresista, pero, en el fondo, de una mezquindad irrisoria. Y esta intuición, señores académicos, cuyos principios, auténticamente revolucionarios, acaban de ser formulados por un plantel respetable de sabios humanistas, es lo que indujo a algunos comentaristas a tachar de reaccionaria mi postura. Han sido suficientes cinco lustros para demostrar lo contrario, esto es, que el verdadero progresismo no estriba en un desarrollo ilimitado y competitivo, ni en fabricar cada día más cosas, ni en inventar necesidades al hombre, ni en destruir la Naturaleza, ni en sostener a un tercio de la Humanidad en el delirio del despilfarro mientras los otros dos tercios se mueren de hambre, sino en racionalizar la utilización de la técnica, facilitar el acceso de toda la comunidad a lo necesario, revitalizar los valores humanos, hoy en crisis, y establecer las relaciones hombre-naturaleza en un plano de concordia.

He aquí mi credo y, por hacerlo comprender, vengo luchando desde hace veinticinco años. Pero, a la vista de estos postulados, ¿es serio afirmar que la actual orientación del progreso es la congruente? Si progresar, de acuerdo con el diccionario, es hacer adelantamiento en una materia, lo procedente es analizar si estos adelantamientos en una materia implican un retroceso en otras y valorar en qué medida lo que se avanza justifica lo que se sacrifica. El hombre, ciertamente, ha llegado a la Luna pero en su organización político-social continúa anclado en una ardua disyuntiva: la explotación del hombre por el hombre o la anulación del individuo por el Estado. En este sentido no hemos avanzado un paso. Los esfuerzos inconexos de algunos idealistas –Dubcek 1968 y Allende 1973– no han servido prácticamente de nada. A pesar de nuestros avances de todo orden, en política, la experimentación constituye un privilegio más de los fuertes. Perfil semejante, aún más negativo, nos ofrece el tan cacareado progreso económico y tecnológico. El hombre, arrullado en su confortabilidad, apenas se preocupa del entorno. La actitud del hombre contemporáneo se asemeja a la de aquellos tripulantes de un navío que, cansados de la angostura e incomodidad de sus camarotes, decidieran utilizar las cuadernas de la nave para ampliar aquéllos y amueblarlos suntuosamente. Es incontestable que, mediante esta actitud, sus particulares condiciones de vida mejorarían, pero, ¿por cuánto tiempo? ¿Cuántas horas tardaría este buque en irse a pique –arrastrando a culpables e inocentes– una vez que esos tripulantes irresponsables hubieran destruido la arquitectura general de la nave para refinar sus propios compartimientos? He aquí la madre del cordero. Porque ahora que hemos visto suficientemente claro que nuestro barco se hunde –y a tratar de aclararlo un poco más aspiran mis palabras–, ¿no sería progresar el admitirlo y afrontar los oportunos remedios para evitarlo?

El hombre, obcecado por una pasión dominadora, persigue un beneficio personal, ilimitado e inmediato y se desentiende del futuro. Pero, ¿cuál puede ser, presumiblemente, ese futuro? Negar la posibilidad de mejorar y, por lo tanto, el progreso, sería por mi parte una ligereza; condenarlo, una necedad. Pero sí cabe denunciar la dirección torpe y egoísta que los rectores del mundo han impuesto a ese progreso. Así, quede bien claro que cuando a lo largo de mis palabras de esta noche yo me refiera al progreso para ponerlo en tela de juicio o recusarlo, no es al progreso estabilizador y humano –y, en consecuencia, deseable– al que me refiero, sino al sentido que se obstinan en imprimir al progreso las sociedades llamadas civilizadas.

II

EL PROGRESO Y SUS EFECTOS DE CULATAZO

Todos estamos acordes en que la Ciencia aplicada a la tecnología ha cambiado, o seguramente sería mejor decir revolucionado, la vida moderna. En pocos años se ha demostrado que el ingenio del hombre, como sus necesidades, no tienen límites. El espíritu de invención y el refinamiento de lo inventado arrumban objetos que hace apenas tres o cuatro años nos parecían insuperables. En la actualidad disponemos de cosas que no ya nuestros abuelos, sino nuestros padres hace apenas cinco lustros ni hubieran podido imaginar. El cerebro humano camina muy de prisa en el conocimiento de su entorno. El control de las leyes físicas ha hecho posible un viejo sueño de la Humanidad: someter a la Naturaleza. No obstante, todo progreso, todo impulso hacia adelante comporta un retroceso, un paso atrás, lo que en términos cinegéticos, jerga que a mí me es muy cara, llamaríamos el culatazo. Y la física nos dice que este culatazo es tanto mayor cuanto más ambicioso sea el lanzamiento. Esto presupone que tanto la técnica como la química, como muchos remedios de botica, sabemos lo que quitan pero ignoramos lo que ponen, siquiera no se nos oculta que, en muchas ocasiones, el envés de aquéllas, sus aspectos negativos, se emparejan, cuando no superan, a los aspectos positivos. Pongamos por caso el DDT. Este descubrimiento alivió, como es sabido, a los soldados de la segunda guerra mundial de la plaga de los parásitos y, una vez firmada la paz, su aplicación en la lucha contra la malaria y otras enfermedades tropicales confirmó su eficacia. La Humanidad no ocultó su entusiasmo; al fin estaba en camino de encontrar la panacea, el remedio para sus males. Bastaron, sin embargo, unos pocos años para descubrir la contrapartida, esto es, los efectos del culatazo. Hoy, incluso los escolares de buena parte del mundo saben que este insecticida, en virtud de un proceso que ya nos resulta familiar, se ha incorporado a los organismos animales sin excluir al hombre hasta el punto de que análisis de la leche de jóvenes madres efectuados por biólogos compañeros de mis propios hijos han demostrado que nuestros lactantes son amamantados, en proporción no desdeñable, con DDT. Los suecos, gente amante de las estadísticas, nos dicen que la leche de algunas mujeres de aquel país contiene un 70% más de insecticida que el nivel tolerado por la Salubridad Pública para la leche de vaca.

Algo semejante cabría decir de algunas conquistas técnicas encaminadas a satisfacer los viejos anhelos de ubicuidad del hombre: automóviles, aviones, cohetes interplanetarios. Tales invenciones aportan, sin duda, ventajas al dotar al hombre de un tiempo y una capacidad de maniobra impensables en su condición de bípedo, pero, ¿desconocemos, acaso, que un aparato supersónico que se desplaza de París a Nueva York consume durante las seis horas de vuelo una cantidad de oxígeno aproximada a la que, durante el mismo tiempo, necesitarían 25.000 personas para respirar? A la Humanidad ya no le sobra el oxígeno, pero es que, además, estos reactores desprenden por sus escapes infinidad de partículas que interfieren las radiaciones solares, hasta el punto de que un equipo de naturalistas desplazado durante medio año a una pequeña isla del Pacífico para estudiar el fenómeno, informó en 1970 al Congreso de Londres que, en el tiempo que llevaban en funcionamiento estos aviones, la acción del Sol –luminosa y calorífica– había decrecido aproximadamente en un 30%, con lo que, de no adoptarse el oportuno correctivo, no se descartaba la posibilidad de una nueva glaciación.

Pero ¿y la Medicina?, argüirán los optimistas. ¿También tiene usted alguna objeción que hacer al desarrollo de la Medicina? ¿No se ha doblado, en un breve lapso, el promedio de la vida humana? ¿No nos anuncian cada día los periódicos, con grandes titulares, nuevos triunfos sobre el dolor y la muerte? Esto es incontestable. He aquí un punto en el que negar el progreso sería negar la evidencia. Las conquistas de la Medicina y la Higiene en el último período histórico no sólo son plausibles sino pasmosas. Las enfermedades infecciosas han sido prácticamente erradicadas y se han conseguido notables progresos en aquellas otras de origen genético. Todo esto, repito, es incuestionable. Empero la contrapartida de estos éxitos también se da y, aunque parezca paradójico, deriva de su misma eficacia. La Medicina en el último siglo ha funcionado muy bien, de tal forma que hoy nace mucha más gente de la que se muere. La demografía, entonces, ha estallado, se ha producido una explosión literalmente sensacional. A una población estancada hasta el siglo XVII en 600 ó 700 millones, ha sucedido un crecimiento lento pero inexorable, hasta conseguir, tras el descubrimiento de los antibióticos, doblarla en los últimos treinta años. Esto supone que, prescindiendo de posibles nuevos avances en este campo, y ateniéndonos al ritmo alcanzado, la población mundial se duplicará cada seis lustros, lo que equivale a decir que los 3.500 millones de personas de 1970 se convertirán en 56.000 antes de finalizar el siglo XXI, esto es, si no yerro en la cuenta, la población actual, más o menos, multiplicada por catorce. La pregunta irrumpe sin pedir paso: ¿va a dar para tantos la despensa? Si este progreso del que hoy nos jactamos no ha conseguido atenuar el hambre de dos tercios de nuestros semejantes, ¿qué se puede esperar el día, que muy bien pueden conocer nuestros nietos, en que por cada hombre actual haya catorce sobre la Tierra?

La Medicina ha cumplido con su deber, pero al posponer

la hora de nuestra muerte, viene a agravar, sin quererlo, los problemas de nuestra vida. La Medicina, pese a sus esfuerzos, no ha conseguido cambiarnos por dentro; nos ha hecho más pero no mejores. Estamos más juntos –y aún lo estaremos más– pero no más próximos.

III

EL SIGNO DEL PROGRESO: TODO TIENE SU PRECIO

Mas, para nuestra desgracia, no sólo el culatazo del progreso empaña la brillantez y eficacia de las conquistas de nuestra era. El progreso comporta –inevitablemente, a lo que se ve– una minimización del hombre. Errores de enfoque han venido a convertir al ser humano en una pieza más –e insignificante– de este ingente mecanismo que hemos montado. La tecnocracia no casa con eso de los principios éticos, los bienes de la cultura humanista y la vida de los sentimientos. En el siglo de la tecnología, todo eso no es sino letra muerta. La idea de Dios, y aun toda aspiración espiritual, es borrada en las nuevas generaciones –seguramente porque la aceptación de estos principios no enalteció a las precedentes– mientras los estudios de Humanidades, por ceñirme a un punto concreto, sufren cada día, en todas partes, una nueva humillación. Es un hecho que las Facultades de Letras sobreviven en los países más adelantados con la migajas de un presupuesto que absorben casi íntegramente las Facultades y Escuelas técnicas. En este país se habla ahora de suprimir la literatura en los estudios básicos –olvidando que un pueblo sin literatura es un pueblo mudo– porque, al distraer unas horas al alumnado, distancia la consecución de unas cimas científicas que, conforme a los juicios de valor vigentes, resultan más rentables. Los carriles del progreso se montan, pues, sobre la idea del provecho, o lo que es lo mismo, del bienestar.Pero, ¿en qué consiste el bienestar? ¿Qué entiende el hombre contemporáneo por «estar bien»? En la respuesta a estas interrogantes no es fácil el acuerdo. Ello nos desplazaría, por otra parte, a ese otro complejo problema de la ocupación del ocio. Lo que no se presta a discusión es que el «estar bien» para los actuales rectores del mundo y para la mayor parte de los humanos, consiste, tanto a nivel comunitario como a niveles individuales, en disponer de dinero para cosas. Sin dinero no hay cosas y sin cosas no es posible «estar bien» en nuestros días. El dinero se erige así en símbolo e ídolo de una civilización. El dinero se antepone a todo; llegado el caso, incluso al hombre. Con dinero se montan grandes factorías que producen cosas y con dinero se adquieren las cosas que producen esas grandes factorías. El hecho de que esas cosas sean necesarias o superfluas es accesorio. El juego consiste en producir y consumir, de tal modo que en la moderna civilización, no sólo se considera honesto sino inteligente, gastar uno en producir objetos superfluos y emplear noventa y nueve en persuadirnos de que nos son necesarios. Ante la oportunidad de multiplicar el dinero –insisto, a todos los niveles– los valores que algunos seres aún respetamos, son sacrificados sin vacilación. Entre la supervivencia de un bosque o una laguna y la erección de una industria poderosa, el hombre contemporáneo no se plantea problemas: optará por la segunda. Encarados a esta realidad, nada puede sorprendernos que la corrupción se enseñoree de las sociedades modernas. El viejo y deplorable aforismo de que cada hombre tiene su precio alcanza así un sentido literal, de plena y absoluta vigencia, en la sociedad de nuestros días.

Esta tendencia arrolladora del progreso se manifiesta en todos los terrenos. Yo recuerdo que allá por los años 50, un ridículo concepto de la moral llevó a este país a la proscripción de las playas mixtas y la imposición del albornoz en los baños públicos para preservar a los españoles del pecado. Se trataba de una moral pazguata y atormentada, de acuerdo, pero era la moral que oficialmente prevalecía. Fue suficiente, empero, el descubrimiento de que el desnudismo aportaba divisas para que se diera paso franco a la promiscuidad soleada y al «bikini». El dinero triunfaba también sobre la moral.

Y ¿qué decir de los trabajos rutinarios, embrutecedores,

sobre los que se organiza hoy la gran industria? La eficacia, la producción espectacular –o, lo que es lo mismo, el dinero– se antepone igualmente a la integridad y la dignidad humanas. Fabricar un hombre es una actividad infinitamente más sencilla y agradable que fabricar un automóvil, con lo que nunca ha de faltar el recambio para un hombre inutilizado. Sobre esta base, nace y se extiende la fabricación en serie, en cadena, donde no cuentan más que los resultados. Las nobles advertencias de Charles Chaplin al respecto, en el primer tercio del siglo, es decir, cuando aún era tiempo de reflexión, quedaron como una obra de arte, sin ninguna trascendencia práctica. Así, paralelamente a la producción de cosas se iban produciendo frustraciones también en cadena. La serie facilita una compensación pendular: si, por un lado, destruye al hombre al anular su amor por la obra bien hecha, por el otro, facilita la consecución de esa obra y esto, cerrar el ciclo, es lo que en definitiva interesa al orden económico de nuestro tiempo. El hecho de que la serie fabrique, de rechazo, hombres en serie y la cadena hombres encadenados, no nos desazona porque no interrumpe la marcha del progreso.

Simultáneamente, el desarrollo exige que la vida de estas cosas sea efímera, o sea, se fabriquen mal deliberadamente, supuesto que el desarrollo del siglo XX requiere una constante renovación para evitar que el monstruoso mecanismo se detenga. Yo recuerdo que antaño se nos incitaba a comprar con insinuaciones macabras cuando no aterradoramente escatólogicas: «Este traje le enterrará a usted», «Tenga por seguro que esta tela no la gasta». Hoy no aspiramos a que ningún traje nos entierre, en primer lugar porque la sola idea de la muerte ya nos estremece y, en segundo, porque unas ropas vitalicias podrían provocar el gran colapso económico de nuestros días.

Con la superfluidad es, por tanto, la fungibilidad la nota característica de la moderna producción, porque, ¿qué sucedería el día que todos estuviéramos servidos de objetos perdurables? La gran crisis, primero y, después, el caos. Apremiados por esta exigencia, fabricamos, intencionadamente, telas para que se ajen, automóviles para que se estropeen, cuchillos para que se mellen, bombillas para que se fundan. Es la civilización del consumo en estado puro, de la incesante renovación de los objetos –en buena parte, innecesarios– y, en consecuencia, del desperdicio. Y no se piense que este pecado –grave sin duda– es exclusivo del mundo occidental puesto que, si mal no recuerdo, Kruschev declaraba en sus horas altas de 1955 que la meta soviética era alcanzar cuanto antes el nivel de consumo americano. El primer ministro ruso venía a reconocer así que si el delirio consumista no había llegado a la URSS no era porque no quisiera sino porque no podía. Sus aspiraciones eran las mismas. En rigor, ambas sociedades, la oriental y la occidental, no son fundamentalmente diferentes en este punto.

Aceptado lo antedicho, no parece gratuito afirmar que, salvo en unos millares de científicos y hombres sensibles repartidos por todo el mundo, el progreso se entiende hoy de manera análoga en todas partes. El desarrollo humano no es sino un proceso de decantación del materialismo sometido a una aceleración muy marcada en los últimos lustros. Al teocentrismo medieval y al antropocentrismo renacentista ha sucedido un objeto-centrismo que, al eliminar todo sentido de elevación en el hombre, le ha hecho caer en la abyección y la egolatría.

IV

EL DESEO DE DOMINACIÓN

Con el dinero –y, tal vez, incubada en él– hay, a mi entender, otra nota diferenciadora del progreso moderno: el deseo de sobresalir o, lo que viene a ser lo mismo, la ambición de poder. En este punto, la analogía del hombre con las aves en la llamada por los biólogos «jerarquía del picoteo», es patente. La aspiración de todo hombre es elevar su rango, anteponerse, no tanto acrecentando su cultura y sus facultades como amedrentando a su adversario o debilitándolo. La técnica se convierte así, no ya en una posibilidad de dinero, sino –lo que es más grave– en una posiblidad de dominación. De este modo, mientras entre los hombres se acentúa el espíritu de competencia, en la esfera internacional se plantea una cuestión de hegemonía que no se resuelve, como antaño, fabricando más espadas o más fusiles, sino buscando un arma que, llegado el caso, sea suficiente para arrasar al adversario –y, con él, a la Humanidad entera– en unas décimas de segundo. La cuestión de la supremacía no se establece ya en términos de prevalencia sino de aniquilamiento. Tal anhelo de dominación se manifiesta en las relaciones de individuo a individuo, de Estado a individuo y de Estado a Estado. ¿Cómo? Me limitaré a señalar tres extremos que son, para mí, por graves, los más representativos: 1.° Enervando al hombre desde arriba, despojándole del deseo de participar en la organización de la comunidad, dando así paso a unas autocracias que la manifiesta inhibición del hombre favorece. 2.° A nivel internacional, procurando la hegemonía a costa de convertir el noble deseo de paz, basado en la justicia y la libertad, en un equilibrio del terror. Y 3.°, encauzando la técnica hacia la fabricación de instrumentos que facilitan el allanamiento de la intimidad del hombre, o la esfera privada de las instituciones, con objeto de controlar a unos y otras.

La pedagogía universal consideró resuelto el problema de

la infancia compaginando la instrucción y el deleite, aunándolos en una sola actividad. El juego instructivo o la instrucción amena hacían posible, armonizándolas, la formación y el entretenimiento de los niños, de manera que éstos «no diesen guerra», no alborotasen. Fue, quizá, nuestro Carlos III quien descubrió, con el célebre motín de Esquilache, que los adultos eran «como niños pequeños que lloran y protestan cuando se les limpia y asea». Desde entonces, mayor preocupación que hacer justicia ha sido para los gobernantes buscar la manera de entretener al pueblo para que no la pida, esto es, para que no alborote, para que «no dé guerra». El «pan y toros» ha tenido a lo largo de las edades de la Historia múltiples versiones. Pero he aquí que la era supertécnica ha venido a descubrir que también existen juguetes para entretener a los adultos y borrar de sus mentes cualquier idea de participación y responsabilidad. Es más, el ingenio de la técnica moderna descubre «el juguete» por antonomasia, merced al cual el pueblo no sólo no piensa, sino que incluso nos facilita la posibilidad de conducir su pensamiento, de hacerle pensar lo que nosotros queremos que piense. Así el interés por su juguete acaba por enervar en el hombre otros intereses superiores. La alienación se produce entonces como fenómeno general y masivo. Mas si esto, hasta cierto punto, es comprensible, no lo es, en cambio, que admitamos que esta inhibición se fomente desde arriba, mediante el control de este juguete, único alimento espiritual de un elevadísimo porcentaje de seres humanos. La difusión de consignas, la eliminación de la crítica, la exposición triunfalista de logros parciales o insignificantes y la misma publicidad subliminal, van moldeando el cerebro de millones de televidentes que, persuadidos de la bondad de un sistema, o simplemente fatigados, pero, en todo caso, incapacitados para pensar por su

cuenta, terminan por hacer dejación de sus deberes cívicos, encomendando al Estado-Padre hasta las más pequeñas responsabilidades comunitarias. En este mismo sentido actúa la organización del trabajo a que antes aludía. La rutina laboral genera el gregarismo en los ocios, de forma que todos los hombres se procuran análogas distracciones y unos mismos estímulos, por lo general, no fecundadores, ni liberadores, ni enaltecedores de los valores del espíritu. El hombre, de esta manera, se despersonaliza y las comunidades degeneran en unas masas amorfas, sumisas, fácilmente controlables desde el poder concentrado en unas pocas manos. Es obvio que no en todo el mundo las circunstancias mencionadas operan con la misma intensidad pero, a mi juicio, sirven como exponentes de los riesgos lamentables que comporta la malintencionada explicación de la técnica a la política y la sociología.

La avidez de poder, a nivel internacional, desata aún mayores riesgos. La vieja carrera de armamentos ha cambiado de signo. Hoy, como he dicho, no es más fuerte quien más armas tiene sino quien las tiene mejores. El objetivo de los pueblos en competencia es acertar con un arma lo suficientemente eficaz como para resolver un conflicto en pocos minutos, aun poniendo en peligro la vida sobre el planeta. Tal arma está ya a disposición de seis o siete potencias y el resto de los países se limitan a procurar conseguirla o a observar, aterrados, los tira y afloja del juego político internacional, a conciencia de que un gesto mal interpretado o un simple error puede desencadenar la catástrofe. Se aducirá que la marcha hacia la paz es hoy más firme que hace diez años, pero como dice Marías no basta con que nadie quiera la guerra, si «se quiere poder hacerla». Porque, si bien se considera el problema, a la guerra fría de ayer ha sucedido una paz fría, casi más negativa que la situación anterior, ya que esta paz congelada demuestra nuestra incapacidad, o sea que, en vista de que una fraternidad cálida y universal parece fuera de nuestro alcance, nos resignamos a aceptar el miedo como garantía de supervivencia.

Pero los ingenios nucleares están ahí, fabricados por unos hombres y esperando ser utilizados contra otros hombres. La suprema aspiración de los humanos estriba en que sigan ahí, quietos, en los arsenales, es decir, que no lleguen a emplearse. Pero en este caso y aun en el más positivo de que se llegase a un acuerdo de desarme general y completo, ¿qué hacer con ellos?; ¿qué hacer con este elemento devastador cuidadosamente embotellado a lo largo de un cuarto de siglo? ¿Lanzarlo al mar? ¿Enterrarlo? ¿Es que desconocemos, acaso, las propiedades letales de los isótopos radiactivos? ¿No sabemos que el aire, el agua y la tierra contaminados envuelven un riesgo inmediato para la vida? En Hanford, estado de Washington, en las proximidades del río Columbia, hay enterrados 124 tanques de acero y hormigón, los cuales contienen más de 200 millones de litros de desechos radiactivos; cantidad que, al ritmo de crecimiento actual, puede multiplicarse por ciento en el año 2000. Estos tanques y sus posibles filtraciones son celosamente vigilados, pero a juicio de geólogos norteamericanos, tal vez bastaría un terremoto de las modestas proporciones del de 1918, conocido como «el terremoto de Corfú», para agrietar estos recipientes y liberar la radiactividad que contienen. Los efectos de esta avería, en opinión de científicos competentes, serían tan desastrosos como los que podría ocasionar una guerra nuclear en la que se empleasen todas las reservas atómicas actuales, ya que la radiactividad que almacena uno solo de estos tanques equivale, según Sheldon Novice, «a la producida por todas las armas nuclea-

res probadas desde 1945». Ésta es nuestra situación en la paz atómica mediada la década de los setenta.

Mas con ser ésta la novedad más ruidosa, tampoco podemos olvidar la actividad de los pueblos por alcanzar la hegemonía en otros terrenos, como, por ejemplo, la guerra química y biológica. La bomba atómica, por más moderna, parece resumir la mayor posibilidad catastrófica que somos capaces de imaginar, pero no hay que olvidar la evolución de las armas bacteriológicas, cuyo almacenaje no ocupa lugar y su producción es infinitamente más barata que aquélla y está, por tanto, al alcance de los pueblos pobres. Según Milton Leitenkey, la potencia destructiva de estas armas equivale a la de las atómicas y el agente portador de la enfermedad puede viajar tan concentrado que, en muchos casos, son suficientes unos pocos gramos, estratégicamente distribuidos, para acabar con la población del mundo. Tenemos el caso de la psitacosis, donde los virus necesarios para destruir hasta el último rastro de vida caben en una docena de huevos de gallina, o el de la brucelosis-letal, resistente a toda vacuna, que puede concentrarse en una pasta, a razón de 2.500 millones de bacterias por gramo, en la seguridad de que bastarían cincuenta gramos para borrar al hombre del planeta. La técnica de la dispersión ha alcanzado asimismo un alto nivel de perfección y variedad: fumigaciones aéreas, disolución en las aguas de los ríos, formación de nubes artificiales mediante generadores o producción de insectos en masa. A este respecto, los japoneses, maestros en la mecánica menuda, han llegado a producir diez litros de pulgas portadoras de microbios –alrededor de los treinta y cinco millones de individuos– en el breve plazo de un mes. Tampoco en este aspecto cabe descartar el accidente, ya que hace apenas seis años, al ser rociado con un organofosfato muy tóxico el campo de pruebas de Utah, por la aviación norteamericana, las partículas, arrastradas por un viento imprevisto, ocasionaron la muerte fulminante de los rebaños de ovejas que pastaban en las laderas de Skull y Rush, a cincuenta kilómetros de distancia.

Esto supone que el hombre se ha acomodado a vivir sobre un volcán. Pero «vivir sobre un volcán» era, hasta el día, una situación accidental, esto es, que se le imponía, no buscada por él. Lo insensato es que el evolucionado hombre del siglo XX haya encendido el volcán para después, tranquilamente, instalarse a vivir en sus faldas.

Un último extremo interesante, dentro de esta fiebre de dominación y poder que nos invade, es el incesante perfeccionamiento de instrumentos audiovisuales, escrutadores de la intimidad, que han venido a destruir la confianza en el hombre y a deteriorar seriamente su sensibilidad. En esta dirección, bien podemos asegurar que la técnica se ha pasado, de tal modo que muchas de sus consecuencias resultan ya irreversibles. El ansia de poder de unos hombres sobre otros, la obsesión de control de las palabras de los súbditos por parte de los gobiernos, hace tiempo que desbordaron resortes tan primarios como la censura de correspondencia y la intervención telefónica. Estos medios sin duda alguna corresponden a la prehistoria de las técnicas de intromisión audiovisuales. Recientes escándalos han evidenciado a qué increíble grado de perfección han llegado los mecanismos de espionaje. La revista *El Correo de la Unesco* denunciaba, no hace muchos meses, estos hechos como atentatorios contra la intimidad del hombre. Pero, yo me pregunto: ¿dispone el hombre de algún recurso contra esta carrera desenfrenada de la técnica, fuera del viejo y elemental recurso del pataleo? El hombre actual se sabe vigilado o, lo que quizá es peor, siente constantemente sobre sí la posibilidad de ser vigilado. En este punto, la técnica viene haciendo auténticas maravillas. La miniaturización de los ingenios, permite, por ejemplo, que un micrófono del tamaño de un grano de arroz colocado en la rendija de una puerta nos informe de lo que se habla detrás de ella. Mejor aún: un micrófono de contacto más chico que una nuez, adosado al exterior de una casa, puede registrar una conversación sostenida en el interior por las vibraciones del muro. Un telescopio, no más largo que un lapicero, conectado a una cámara fotográfica, es capaz de reproducir lo que estamos escribiendo en una cuartilla a cien metros de distancia, es decir, dos o tres veces la anchura de una calle normal. Mediante una bombilla de apariencia inocua pero emisora de rayos infrarrojos, es posible obtener fotografías en la oscuridad. Y basta una linternita no mayor que un alfiler para inspeccionar el contenido de una carta sin necesidad de violar el sobre.

Esta técnica, enlazada a la de las computadoras, haría posible, según *El Correo de la Unesco*, almacenar veinte folios de información sobre cada ser humano en apenas diez cintas de dos centímetros y medio de ancho por mil quinientos metros de longitud. O sea, basta una caja de cerillas para archivar datos de computadora que, de estar impresos, no cabrían en una catedral. El mismo *Correo* nos informa de que una empresa americana en liquidación por quiebra puso en venta tres millones de expedientes relativos a otros tantos ciudadanos, y un consorcio de aquel mismo país ha preparado, mediante computadoras, datos referentes a la situación económica de cien millones de personas, exactamente la mitad de la población.

Si agregamos a estos progresos la creciente difusión de las grabadoras, la utilización de técnicas de detección de mentiras, el lavado de cerebro, la publicidad subliminal, el refinamiento de los métodos de tortura, y el uso, cada día más extendido, de las evaluaciones psicofisiológicas de la personalidad, concluiremos que los mundos de pesadilla imaginados un día por Huxley y Orwell han sido prácticamente alcanzados. El afán de dominación del hombre sobre el hombre y de la organización sobre el hombre no se para en barras. Por otro lado, el vacío, cada día más profundo, entre la técnica y la ley, acrecienta nuestro desvalimiento al tiempo que aumenta el desasosiego y el miedo. La Unesco recomienda, es verdad, a los Estados, la asunción de unas normas base para la formulación de un código internacional que proteja el derecho a la vida privada. Pero uno se pregunta, lleno de zozobra y ansiedad: ¿no serán los Estados los primeros interesados en tolerar tales aberraciones si el uso de las técnicas mencionadas viene a consolidar su autoridad y su poder? Y ante esta posibilidad estremecedora se abre la gran interrogante: ¿no se nos habrán escapado de las manos las fuerzas que nosotros mismos desatamos y que creímos controlar un día?

V

LA NATURALEZA AGREDIDA

Esta sed insaciable de poder, de elevarse en la jerarquía del picoteo, que el hombre y las instituciones por él creadas manifiestan frente a otros hombres y otras instituciones, se hace especialmente ostensible en la Naturaleza. En la actualidad la abundancia de medios técnicos permite la transformación del mundo a nuestro gusto, posibilidad que ha despertado en el hombre una vehemente pasión dominadora. El hombre de hoy usa y abusa de la Naturaleza como si hubiera de ser el último inquilino de este desgraciado planeta, como si detrás de él no se anunciara un futuro. La Naturaleza se convierte así en el chivo expiatorio del progreso. El biólogo australiano Macfarlane Burnet, que con tanta atención observa y analiza la marcha del mundo, hace notar en uno de sus libros fundamentales que «siempre que utilicemos nuestros conocimientos para la satisfacción a corto plazo de nuestros deseos de confort, seguridad o poder, encontraremos, a plazo algo más largo, que estamos creando una nueva trampa de la que tendremos que librarnos antes o después». He aquí, sabiamente sintetizado, el gran error de nuestro tiempo. El hombre se complace en montar su propia carrera de obstáculos. Encandilado por la idea de progreso técnico indefinido, no ha querido advertir que éste no puede lograrse sino a costa de algo. De este modo hemos caído en la primera trampa: la inmolación de la Naturaleza a la Tecnología. Esto es de una obviedad concluyente. Un principio biológico elemental dice que la demanda interminable y progresiva de la industria no puede ser atendida sin detrimento por la Naturaleza, cuyos recursos son finitos. Toda idea de futuro basada en el crecimiento ilimitado conduce, pues, al desastre. Paralelamente, otro principio básico incuestionable es que todo complejo industrial de tipo capitalista sin expansión ininterrumpida termina por morir. Consecuentemente con este segundo postulado, observamos que todo país industrializado tiende a crecer, cifrando su desarrollo en un aumento anual que oscila entre el dos y el cuatro por ciento de su producto nacional bruto. Entonces, si la industria, que se nutre de la Naturaleza y envía los detritus de su digestión a la Naturaleza, no cesa de expansionarse, día llegará en que ésta no pueda atender las exigencias de aquélla ni asumir sus desechos; ese día quedará agotada. La novelista americana Mary McCarthy hace decir a Kant redivivo, en una de sus últimas novelas, que «la Naturaleza ha muerto». Evidentemente la novelista anticipa la defunción, pero, a juicio de notables naturalistas, tal vez no en mucho tiempo, ya que para los redactores del Manifiesto para la supervivencia, de no alterarse las tendencias del progreso «la destrucción de los sistemas de mantenimiento de la vida en este planeta será inevitable, posiblemente a finales de este siglo, y con toda seguridad, antes de que desaparezca la generación de nuestros hijos». Robert Heilbroner, algo más optimista, aplaza este día terrible, que ya ha dado en llamarse «el Día del Juicio Final», para dentro de unos siglos, en tanto Barry Commoner lo reduce a cinco lustros: «Aún es tiempo –dice éste–, quizá una generación, dentro del cual podamos salvar el medio ambiente de la violenta agresión que le hemos causado». Para Commoner, la década que estamos viviendo, la década de los 70, «es un plazo de gracia para corregir las incompatibilidades fundamentales», ya que, de no hacerlo así, en los tres lustros siguientes la Humanidad sucumbirá. A mi juicio, no importa tanto la inminencia del drama como la certidumbre, que casi nadie cuestiona, de que caminamos hacia él. Michel Bosquet dice, en *Le Nouvel Observateur*, que «a la Humanidad que ha necesitado treinta siglos para tomar impulso, apenas le quedan treinta años para frenar ante el precipicio».

Como se ve, el problema no es baladí. Lo expuesto no es un relato de ciencia-ficción, sino el punto de vista de unos científicos que han dedicado todo su esfuerzo al estudio de esta cuestión, la más compleja e importante, sin duda, que hoy aqueja a la Humanidad.

La Naturaleza ya está hecha, es así. Esto, en una era de constantes mutaciones, puede parecer una afirmación retrógrada. Mas, si bien se mira, únicamente es retrógrada en la apariencia. En mi obra *El libro de la caza menor*, hago notar que toda pretensión de mudar la Naturaleza es asentar en ella el artificio, y por tanto, desnaturalizarla, hacerla regresar. En la Naturaleza, apenas cabe el progreso. Todo cuanto sea conservar el medio es progresar; todo lo que signifique alterarlo esencialmente, es retroceder. Empero, el hombre se obstina en mejorarla y se inmiscuye en el equilibrio ecológico, eliminando mosquitos, desecando lagunas o talando el revestimiento vegetal. En puridad, las relaciones del hombre con la Naturaleza, como las relaciones con otros hombres, siempre se han establecido a palos. La Historia de la Humanidad no ha sido otra cosa hasta el día que una sucesión incesante de guerras y talas de bosques. Y ya que, inexcusablemente, los hombres tenemos que servirnos de la Naturaleza, a lo que debemos aspirar es a no dejar huella, a que se «nos note» lo menos posible. Tal aspiración, por el momento, se aproxima a la pura quimera. El hombre contemporáneo está ensoberbecido; obstinado en demostrarse a sí mismo su superioridad, ni aun en el aspecto demoledor renuncia a su papel de protagonista. En esta cuestión, el hombre-supertécnico, armado de todas las armas, espoleado por un afán creciente de dominación, irrumpe en la Naturaleza, y actúa sobre ella en los dos sentidos citados, a cual más deplorable y desolador; desvalijándola y envileciéndola.

VI

LA NATURALEZA DESVALIJADA

La pueril idea de un mundo inmenso, inabarcable e inagotable, que acompaña al hombre desde su origen, se esfuma a mediados de este siglo con la aparición de aviones supersónicos que ciñen su cintura –la del mundo– en una hora y con el primer hombre que pone su pie en la Luna. Las fotografías tomadas desde los cohetes lunares muestran al planeta Tierra como un pequeño punto azul en el firmamento, lo que equivale a reconocer que cien mil millones de otras galaxias pueden albergar, cada una, cientos de miles de sistemas solares semejantes al nuestro. La técnica, que puede mucho, evidencia que somos poco. Esto supone para el orgullo del hombre, en cierto modo, una humillación, pero también una toma de conciencia: la de estar embarcado en una nave cuya despensa, por abastecida que quiera estar, siempre será limitada. Esta convicción destruye la idea peregrina de la infinitud de recursos y presenta, a cambio, de cara al futuro, el posible fantasma de la escasez. Merced al perfeccionamiento de las técnicas de prospección, el hombre empieza a tocar ya las tristes consecuencias del despilfarro iniciado con la era industrial. La advertencia de la Oficina de Minas de los Estados Unidos al respecto es sumamente precisa: las reservas mundiales de plomo, mercurio y platino pueden durar diez años; quince, las de estaño y cinc, veinticinco, más o menos, las de cobre, y las de hierro y petróleo apenas setenta. ¿Qué suponen estos plazos en la vida de la Humanidad? En rigor, algo tan insignificante que sobrecoge pensarlo. Pues bien, estos recursos, vitales para nuestra economía, se acaban y no son recuperables. ¿Qué hará nuestro flamante hombre industrial el día que los yacimientos de mercurio, plomo, cobre, cinc, estaño, hierro y petróleo se hayan agotado? Es difícil imaginarlo, pero por lo que atañe a este último –el oro negro– ya hemos podido vislumbrarlo en Europa durante la pequeña crisis de abastecimiento que estamos pasando. Una pregunta clave se impone, sin embargo: este consumo exagerado de recursos esenciales ¿es excesivo por exigencias normales de la industria o por una tendencia a la dilapidación que despierta el elevado nivel de vida de las sociedades evolucionadas? Por de pronto, hoy sabemos que Norteamérica, con sólo un 6 % de la población mundial, consume un 40 % del total del papel, un 36 % de combustibles fósiles y un 25 % del acero, mientras produce el 70 % de los desperdicios sólidos del mundo. Entre Europa y Estados Unidos, con un 16 % de la población mundial, devoran el 80 % de los recursos del globo limitados e irrecuperables. En lo atañedero a la agricultura ha llegado a afirmarse que los doscientos millones de americanos causan al planeta una destrucción pareja a la que podrían provocar, si existiesen, cinco mil millones de indios. Como puede observarse, gasto y daño van en razón directa con el grado de evolución.

Por mi parte puedo decir que mi estancia en los Estados Unidos, hace unos años, me abrumó, entre otras cosas, por el dispendio que observaba a mi alrededor. Con los excesos americanos, pensaba yo entonces, podrían salir de pobres varios países subdesarrollados. Diariamente, en las primeras horas de la mañana, llamaban mi atención los millares de poderosos automóviles de veinte o treinta caballos, desplazando cada uno a una sola persona a su lugar de trabajo. Daba la impresión de que los transportes colectivos, bien organizados y confortables, estaban allí de más. En otras palabras, cada americano malgastaba diariamente en acudir a su trabajo y en regresar de él treinta o cuarenta litros de gasolina. Tamaña frivolidad pude constatarla hace apenas nueve años. Pues bien, en tan breve plazo, este alegre y despreocupado derroche, si que con una importante corrección respecto al nú-

mero de caballos, se ha trasladado a Europa y, más concretamente, a España. Los pies ya no sirven, en ninguna parte, dentro de ese mundo que hemos dado en llamar civilizado, para desplazarnos, sino para acelerar y desembragar. Como diría González Ruano, el hombre del siglo XX ha perdido la alegría de andar. Malgasta así, no sólo las riquezas naturales comunes, sino su dinero y su salud. Mas, ¿qué importancia tiene esto –se argumentará– frente al tiempo que se gana? Y yo me pregunto: ¿de veras gana algo con tales apremios el hombre contemporáneo? ¿No será más exacto afirmar que la mecanización le ha desquiciado? ¿No resulta obvio que el hombre protegido por unos cristales y una chapa de hierro, con un pedal en el pie derecho capaz de impulsarle a cien kilómetros a la hora, se torna duro, insolidario, hermético y agresivo? El gasto de combustibles fósiles, tiene, pues, sobre el gasto en sí, un elevado precio. La civilización, en sus últimas etapas, viene presidida por el signo de la prodigalidad. En treinta años hemos multiplicado por diez el consumo de petróleo. Damos la impresión de no querer enterarnos de que nuestra próspera industria y nuestra comodidad dependen de unas bolsas fósiles que antes de cien años se habrán agotado. El problema, en un próximo futuro, no radicará en hacer nuevas prospecciones y abrir nuevas calicatas. Un día no lejano, la Tierra dirá no a nuestras demandas. Eso sí, llegado el caso, el hombre podrá jactarse de una nueva proeza, en esta época de culto hacia las marcas: haberse bebido en un siglo una riqueza que tardó seiscientos millones de años en formarse.

Cabe una esperanza: la inseguridad de las previsiones en lo que se refiere a nuestras reservas. Pese a los modernos sistemas de prospección, son, en efecto, aleatorios los cálculos de nuestras disponibilidades de metales y combustibles. Amplias extensiones de África, Asia y Sudamérica están prácticamente inexploradas. Sin embargo, dado el ritmo de consumo, parece razonable pensar que, por muchas sorpresas que la geología puede depararnos, los plazos señalados más arriba tal vez no aumenten demasiado. En cualquier caso, augurar para el plomo y el mercurio una duración de medio siglo y de menos de uno para el estaño y el cinc, no es precisamente abrir para la Humanidad unas perspectivas halagüeñas.

VII

DISPARATES ECOLÓGICOS

Pero, quizá, más terminante que especular con el futuro sea analizar nuestro presente, esto es, los problemas que ya son problemas, es decir, que ya están aquí, cuales son la pesca marina y el papel. En este punto, es justo situar, junto a la irresponsable voracidad del consumo, el contumaz envenenamiento del medio de que luego me ocuparé. La Humanidad se resiste a embridar la técnica por la biología y así asistimos, frecuentemente, a auténticos disparates ecológicos, provocados por desconocimiento e imprevisión. La presa de Asuam, en Egipto, es un ejemplo ya tópico. De niños nos enseñaron que el limo que depositaban las avenidas primaverales en el valle del Nilo fertilizaba los campos, pero ignorábamos que, al mismo tiempo, fertilizaba las aguas del mar, en su estuario, hasta el punto de convertirlo en un sector privilegiado para la pesca de la sardina. Durante siglos, las sustancias nutricias que arrastraban las aguas hasta la desembocadura permitieron capturas espectaculares, de hasta quince y veinte mil toneladas anuales de pescado. Hoy, tras la pérdida de nutrientes provocada por la represa del agua, apenas se consiguen quinientas toneladas, o, lo que es lo mismo, el suculento banco de peces ha desaparecido. A estas torpezas, podemos añadir la rapacidad con que venimos actuando en medios que exigen, para pervivir, un tacto y una meticulosa reposición. Observemos lo que está sucediendo hoy, ahora mismo, en el famoso banco pesquero del Sahara. La riqueza y variedad de este retazo de mar, de más de doscientos mil kilómetros cuadrados de extensión, ha atraído cerca de cuatro mil embarcaciones de cien banderas distintas. El problema, salvo las dimensiones y el medio, es el mismo que el de la perdiz roja en Castilla la Vieja. Ni la perdiz castellana ni el besugo del banco sahariano pueden soportar esta presión. Así, las capturas en el mar del Sahara, según datos de Ángel

Luis de la Calle, superan, el último año, el millón y cuarto de toneladas, cifra abultada que monta, con mucho, cualquier aspiración de rentabilidad razonable. Es manifiesto, pues, empleando un viejo y gráfico dicho, que estamos comiendo de lo vivo. A estas alturas, algunas especies –brecas, besugos– se han extinguido y otras muchas se encuentran en franca regresión. Para atajar este expolio insensato, únicamente cabe una ordenación internacional de la pesca, pero, ¿con qué autoridad contamos para este fin? Nuestros oceanógrafos consideran que la pesca mundial, no sólo en el banco del Sahara sino en todos los mares, ha desbordado con mucho la línea de recuperación o, como dice Lester Brown, dramáticamente, los «límites soportables».

Problema semejante es el del papel-prensa, tal vez el símbolo más expresivo de nuestra cultura. No hay papel. El papel se acaba. En estos días, los rotativos más importantes del globo reducen drásticamente el número de páginas. Las fábricas, empero, trabajan a tope, pero la demanda desborda la producción. Mas la escasez no se resuelve en un día, ya que aun dando por buena una rápida adaptación de ciertas industrias similares a la elaboración de papel-prensa, apenas conseguiremos aumentar la producción actual en un 1 %, cantidad manifiestamente inferior al déficit que hoy se acusa. La cuestión, entonces, no estriba en montar más fábricas, sino en alimentarlas, en plantar más árboles. Emmanuelle de Lesseps nos dice que un periódico de gran tirada se come diariamente seis hectáreas de bosque. Julio Senador, por su parte, advertía a principios de siglo, refiriéndose a Castilla, que cada árbol sacrificado era un nuevo paso hacia la miseria y la tiranía. Tal vez para obviar éstas, los japoneses, gentes de mucho ingenio, han dado en fabricar árboles de plástico para decorar sus campos y carreteras. Pero los árboles de plástico no

tienen savia, no prestan cobijo a los pájaros, no facilitan madera, no crecen; en una palabra, no viven. Sin embargo, el árbol de plástico es, al parecer, más elástico que el de madera y reduce, por tanto, la gravedad de los accidentes de automóvil, hecho que indujo al gobierno francés, en 1973, a considerar la oferta nipona para instalarlos en sus autopistas. He aquí un símbolo ostensible del positivismo que, como una niebla pertinaz, nos va envolviendo. El hombre de hoy, antepone a la cultura, en sentido estricto, el goce material y, sobre todo, la seguridad. Pero si aceptamos como bueno el aserto de Senador, convendremos que nuestro mundo camina a marchas forzadas hacia la miseria y la tiranía. Las manchas forestales, el revestimiento vegetal de la Tierra, desaparecen. La vegetación arbórea es un estorbo. De 1882 a nuestros días más de un tercio de los bosques existentes en el mundo han sido destruidos. Dilatadas extensiones de Indonesia, el Congo y Kazahstan, ayer selvas impenetrables, ofrecen hoy al contemplador su monda desnudez. La Humanidad requiere pistas y cultivos y, ante esta urgencia, elimina aquello –los bosques– que, momentáneamente, no le es necesario para sobrevivir. El Dr. Piquet Carneiro, Presidente de la Fundación para la Conservación de la Naturaleza en el Brasil, ha denunciado a su gobierno que diariamente se derriban allí un millón de árboles con objeto de abrir las autopistas Perimetral Norte y Transamazónica, al norte y sur, respectivamente, del río Amazonas. No es preciso decir que sus voces de alarma contra estos tremendos arboricidios no encuentran eco. El primero vivir y luego filosofar se impone de nuevo. Por otra parte, la afrenta que los países atrasados infligen a la Naturaleza, está justificada. Porque, ¿qué razones morales podrán aducir los países industrializados para vetar el noble afán de los países necesitados para salir de un hambre de siglos?

Nos encontramos, pues, con que el saqueo de la Naturaleza, basado incluso en argumentos éticos, resulta por el momento irremediable. Occidente ha montado su prosperidad sobre el abastecimiento de materias primas de sus colonias y, una vez que éstas consiguen la autonomía, el viejo equilibrio se descompensa y se rompe. De aquí que, más que el gasto de metales y recursos no recuperables, a mí, personalmente y en líneas generales, me alarma el despilfarro de aquellos que pueden recuperarse y, sin embargo, no se recuperan. Gastar lo que no puede reponerse puede obedecer a una exigencia de un estadio de civilización voraz, que a nosotros mismos, sus autores, nos ha sorprendido, pero terminar con aquello que nos es imprescindible y cuyo final pudo preverse, revela un índice de rapacidad y desidia que dicen muy poco en favor de la escala de valores que rige en el mundo contemporáneo.

VIII

LA NATURALEZA ENVILECIDA

Pero, sin duda, tan imprudente como el despilfarro progresivo de nuestros recursos, es la disposición humana para ensuciar los que nos quedan, hasta el punto, en muchos casos, de hacerlos inservibles. Por este camino accedemos a una situación crítica: la actual complejidad técnica ya no nos permite utilizar unas cosas sin manchar otras. Esta actitud encierra un peligro inmediato, supuesto que a cambio de un poco más de comodidad, hemos degradado el medio ambiente. Aparece así la contaminación, vocablo que está en todas las bocas y en las primeras planas de todos los diarios, pero que todavía no ha servido para modificar sustancialmente nuestra conducta. La conciencia de este riesgo inspiró, no obstante, las Conferencias de París, de 1968, y de Londres, de 1970, y cristalizó en una serie de conclusiones bienintencionadas en el Congreso de Estocolmo de 1972. El hecho de que a esta última reunión asistieran representantes de ciento diez países indica que la preocupación se ha generalizado, pero, al propio tiempo, el que únicamente siete de ellos se avinieran a satisfacer una cuota para la constitución de un fondo de protección del medio, demuestra que dicha preocupación ni es profunda ni se considera vital por la inmensa mayoría de los gobiernos. De la contaminación se habla mucho, como digo, pero la amenaza que comporta, salvo en casos aislados, no cala, no empuja a la acción. Por el contrario, cada país, por su cuenta y riesgo, sigue soñando con incrementar la renta nacional bruta y el nivel de vida de sus habitantes. El problema se estanca, pues, en la pura retórica. Las palabras no concuerdan con los hechos: digo que quiero limpiar pero en realidad lo que hago es seguir ensuciando. Empero, algo hay aprovechable en este Congreso de Estocolmo: por primera vez se acepta que las posibilidades de regeneración del aire, la tierra y el agua, aunque grandes, no son ilimitadas; por primera vez se acepta la posibilidad de que nuestro mundo se vuelva inhabitable por obra del hombre.

El hombre, desde su origen, guiado por unas miras que pretenden ser prácticas, ha ido enmendando la plana a la Naturaleza y convirtiéndola en campo. El hombre, paso a paso, ha hecho su paisaje, amoldándolo a sus exigencias. Con esto, el campo ha seguido siendo campo pero ha dejado de ser Naturaleza. Mas, al seleccionar las plantas y animales que le son útiles, ha empobrecido la Naturaleza original, lo que equivale a decir que ha tomado una resolución precipitada porque el hombre sabe lo que es útil hoy pero ignora lo que le será útil mañana. Y el aceptar las especies actualmente útiles y desdeñar el resto supondría, según nos dice Faustino Cordón, sacrificar la friolera de un millón de especies animales y medio millón de especies vegetales, limitación inconcebible de un patrimonio que no podemos recrear y del que quizá dependieran los remedios para el hambre y la enfermedad de mañana. Así las cosas, y salvo muy contadas reservas, apenas queda en el mundo Naturaleza natural.

Pero podría parecer frivolidad dolernos de la desaparición de un paisaje –agravada últimamente por todo lo que una civilización primordialmente técnica trae consigo y por la burda inserción de lo urbano en lo rural– cuando ni siquiera somos capaces de mantener este paisaje domesticado en condiciones de habitabilidad aun a conciencia de que su degradación puede ser nuestra muerte. Durante los últimos años, el medio ambiente ha sido la víctima propiciatoria del progreso humano. Y, para mayor escarnio, la influencia del hombre se ha producido cuando menos trataba de influir en él, es decir, en la lucha frontal por producir ciertas alteraciones en el medio, el medio se ha resistido. Pongamos por caso, las tentativas rusas y americanas por modificar el clima, provocando la lluvia artificial, diluyendo la niebla o licuando el granizo. Estos proyectos, hasta el día, han tenido unos resultados muy cortos por no decir irrisorios; prácticamente han sido nulos. Los aviones siguen buscando un aeropuerto despejado para aterrizar cuando sobre el de destino se cierne la niebla, y las cosechas, periódicamente, se agostan por falta de agua o son arrasadas por la piedra sin que el hombre, pese a sus alardes técnicos, acierte a evitarlo. La influencia del hombre sobre el medio se ha producido, para mal, por vía indirecta, cuando ha pretendido forzar la producción de la tierra o multiplicar sus industrias o su velocidad en un nuevo intento por aumentar su confort y su nivel de vida. Es una vez más el culatazo del progreso. En este orden de cosas, el caso, ya citado, de los aviones a reacción es expresivo.

Otro tanto, aunque con un influjo más inmediato y palmario, podríamos decir de los gases de combustión expelidos por fábricas, calefacciones, automóviles, quemadores de basuras, etc., particularmente en las concentraciones industriales y las grandes ciudades. Esta contaminación, además de su nocividad sobre las vidas animal y vegetal, provoca serios trastornos en la salud humana, hecho especialmente patente en determinadas circunstancias meteorológicas. Lo ocurrido en el Valle del Mosa, Pensilvania y Londres, es sumamente ilustrativo a este respecto. Por su parte, Manuel Toharia, desde el diario *Informaciones*, nos dice que el Madrid de 1973 ha estado más cargado de contaminantes que el Madrid de 1972 en un quince o veinte por ciento. Hoy, a falta de datos concretos, podemos asegurar que la contaminación no tiende a disminuir, sino todo lo contrario. Y yo me pregunto: ¿Hasta cuándo podrá soportar nuestra capital esta mefítica progresión?

Por otro lado, sin ningún título científico, sino como

hombre de campo, como simple cazador, vengo observando en amplias zonas de la meseta castellana –riberas del Duero en las proximidades de Tordesillas, Benavente en Zamora, etc.– una regresión de la perdiz roja en aquellos puntos en que el secano va siendo sustituido por el regadío. ¿Es que son incompatibles la perdiz roja y el agua? Lo ignoro. Simplemente constato el fenómeno. Pero sí se me ocurre pensar si este decrecimiento no estará relacionado con los distintos tratamientos de la tierra. Veamos. Las siembras de secano en Castilla no son fumigadas con pesticidas o lo son en muy escasa medida, en tanto la huerta –las patatas, por ejemplo– lo es hasta seis y siete veces por temporada, dosis que van en aumento ante la progresiva resistencia del escarabajo a todo tipo de fármacos. Llegados a este punto, la apelación a las teorías de la naturalista americana Rachel Carson se impone. Esta señora relaciona la casi total desaparición del petirrojo y el pigargo de cabeza blanca o águila calva, en los Estados Unidos, con el abuso de pesticidas. En el mismo sentido discurren los informes de José Antonio Valverde, quien meses antes de la catástrofe ornitológica de Doñana, en setiembre del 73, observó que los nidos de aguiluchos laguneros y zampullines albergaban huevos sin cascarón, apenas protegidos por una débil membrana. Estas sospechas nos llevan, aun sin quererlo, a las experiencias de los doctores De Witt, Rudd y Wallace, cuyos resultados coinciden. De Witt ha criado codornices, incluyendo dosis crecientes de DDT en su dieta; los pájaros así alimentados no murieron y su puesta fue normal, pero contados de esos huevos dieron pollo y, de los nacidos, menos de la mitad sobrevivieron al quinto día de la eclosión. El doctor Rudd efectuó la misma experiencia con faisanes y, aquí, la puesta disminuyó a la mitad y, de los faisancitos nacidos, sólo una mínima parte lo hicieron en condiciones de

viabilidad. Por su parte, los doctores Wallace y Bernard, que han experimentado con petirrojos, han llegado a conclusiones científicas dolorosas: elevadas concentraciones de pesticidas se almacenan en los testículos de los machos y los ovarios de las hembras, con lo que el veneno acumulado en la parte del huevo que alimenta el embrión es causa inmediata de su frustración y su muerte.

Entiendo que aplicar a nuestros campos los resultados de estas experiencias no constituye ningún disparate. Los plaguicidas podrán no afectar directamente a la integridad de las aves adultas –aunque esto dependerá, imagino, del grado de concentración– pero sí afecta, por lo que parece, a su reproducción. Y esto, que explica la desaparición del águila calva en los Estados Unidos, puede también explicar la casi total ausencia de perdices jóvenes en los regadíos castellanos, siquiera esta casualidad esté todavía, en cierto modo, por demostrar. Mas la sola sospecha ya es turbadora, con mayor motivo cuando sabemos que el futuro nos reclamará dosis de pesticidas cada vez más elevadas, ya que aunque los países desarrollados consigan fármacos menos persistentes pero más tóxicos que los actuales, los países pobres seguirán con los no degradables, cuya fabricación es más barata. De este modo se calcula que si Asia, África y Sudamérica aspiran a doblar su producción agrícola, las 120.000 toneladas métricas de pesticidas que hoy utilizan se convertirán, dada la mayor resistencia progresiva de los insectos a estas fumigaciones, en 720.000. Venimos a caer así en otra de las trampas biológicas de que habla Burnet al enfrentarnos con una disyuntiva extrema: no comer o envenenarnos.

IX

EL MAR SE MUERE

Este azote de la contaminación, que estoy tratando de concretar en unos ejemplos ilustrativos, asume tonalidades aún más sombrías en el mar, donde, por diversas vías –ríos, lluvias, barcos– confluyen todos los elementos contaminantes que el hombre ha puesto en circulación: residuos radiactivos, detergentes, petróleo, fosfatos, mercurio, plaguicidas, etc. Ciertamente las posibilidades de recuperación del mar son muy crecidas, pero a estas alturas del siglo XX, el hombre puede también vanagloriarse de haberlas rebasado. Se abre así una eventualidad patética: la de la posible muerte del mar, posibilidad no muy remota, puesto que algunos mares interiores bien puede afirmarse que han entrado en agonía. El Báltico, por ejemplo, donde desembocan doscientos ríos procedentes, casi todos, de países fuertemente industrializados, es un gigantesco pozo de infección. A estas alturas, infinidad de peces padecen tumores –el «tumor rojo» lo contraen un 75 % de anguilas–, otros sufren repugnantes enfermedades de la piel y no pocos mueren tras una prolongada fase de ceguera, a causa de los residuos radiactivos de la central nuclear de Hmnö. Y todos los pescados de estas aguas, sin excepción, almacenan tales dosis de mercurio, DDT y PCB, que su ingestión resulta gravemente peligrosa para el hombre (no olvidemos que basta una dosis de 1.200 microgramos de mercurio para matar a un ser humano y la mitad para trastornarle gravemente su sistema nervioso). Resultan, pues, muy discretas y justificadas las advertencias del profesor sueco Gunnel Westö, de que no se coma pescado costero más allá de una vez por semana, ni azul de altura en raciones superiores a 150 gramos, y la circular del Ministerio Marítimo Polaco, en el sentido de que hay extensos sectores del mar Báltico donde la vida ha desaparecido, puesto que ni las bacterias, ni los microbios han podido soportar el grado de contaminación de aquellas aguas. Algo semejante podríamos decir de nuestro Mediterráneo, aunque los estudios verificados hasta el día no sean tan minuciosos.

Sería un error, sin embargo, imaginar que «la muerte del mar» es problema restringido a aguas interiores o a áreas altamente industrializadas. Con una mayor o menor incidencia de contaminantes, el riesgo es general. El oceanógrafo Vital Alsar, que realizó hace pocos años un periplo alrededor del mundo, manifestó que durante más de un tercio de su viaje, no navegó sobre agua sino sobre petróleo. El petróleo –cuya extinción en la Tierra pronto deploraremos– se pierde en el mar en proporciones tan notables que ocasiona su asfixia, ya que la película de aceite que se extiende sobre su superficie impide la oxigenación del agua y la fotosíntesis, provocando la muerte de fauna y flora. Empero, este hecho únicamente se hace noticia de periódico cuando la derrama se produce de una vez y por accidente, como aconteció en 1967 con el petrolero *Torrey Canyon* originando la famosa «marea negra» que costó la vida a cien mil aves acuáticas. Pero si tenemos en cuenta que el *Torrey Canyon* desplazaba 118.000 toneladas y que hoy se construyen petroleros de 500.000 y se proyectan de 1.000.000 concluiremos que la vida en el mar pende de un hilo, supuesto que estas derramas accidentales serán cada vez mayores y a ellas habrá que añadir los vertimientos intencionados, procedentes de baldeos y limpieza de tanques, y otros ocasionales que, aunque sin tanta espectacularidad, vienen a representar anualmente lo que cuarenta o cincuenta *Torrey Canyon.* Y ante este problema, la esperanza de que quien descubrió el mal descubrirá el remedio es muy vaga y remota. Por de pronto, el uso de disolventes que se aplicó ya a la «marea negra» en Inglaterra, fue peor que la enfermedad. El profesor Eric Smith describe así el espectáculo de la costa des-

pués del tratamiento: «En la superficie del mar, grandes cantidades de diminutos flagelados habían muerto o estaban muriendo. Los huevos de las sardinas se desintegraban o se desarrollaban anormalmente. En las rocas nada quedaba, salvo espesas matas de algas, muertas o moribundas. La superficie de los escollos estaba totalmente vacía de animales, mientras en la base se apiñaba un verdadero cementerio de conchas». Todo esto confirma que hemos creado una técnica avanzadísima con objeto de perfeccionar el mundo y lo que estamos consiguiendo es destruirlo. El navegante Cousteau, después de un largo viaje por los océanos Atlántico, Pacífico e Índico, realizando frecuentes inmersiones, declaraba en el Congreso de Londres que la vida submarina había disminuido en un treinta por ciento en los últimos quince años.

Mas el daño de la contaminación no es sólo directo. Sus efectos son muy complejos. Del Cañizo subraya la relación de la contaminación del medio y el hacinamiento con el desarrollo de ciertas afecciones psíquicas como la ansiedad, la angustia, la tensión, el erotismo y la agresividad. «Estadísticamente, dice, se ha demostrado que en una ciudad de 250.000 habitantes se asesina el doble, se viola el triple y se roba siete veces más que en un conjunto de pueblos pequeños que sumen los mismos 250.000 habitantes.» Esto ratifica la afirmación de Erich Fromm de que para conseguir una economía sana hemos producido millones de hombres enfermos. Y posiblemente, la cadena de males no se interrumpa aquí, puesto que del mismo modo que los contaminantes influyen en enfermedades degenerativas como el cáncer y la leucemia, según se ha demostrado, cabe que lo hagan también sobre ciertas enfermedades y malformaciones congénitas de las que se observa un incremento en nuestro tiempo. En cualquier caso, es obvio que las conquistas rutilantes de la técnica no bastan para ocultar sus miserias.

No desconozco, claro está, los esfuerzos recientes de algunos países para contrarrestar los efectos perniciosos de una mecanización desenfrenada. Los ejemplos de Londres al promulgar la Ley de Aire Puro de 1965 y la reunión de los países ribereños del Báltico en Gdansk el otoño de 1973 para intentar la recuperación biológica de este mar, son, sin duda, dignos de ser imitados. Pero las iniciativas aisladas significan poca cosa en este terreno. Los hombres debemos convencernos de que navegamos en un mismo barco y todo lo que no sea coordinar esfuerzos será perder el tiempo. ¿De qué vale, pongo por caso, que Norteamérica instale depuradoras en sus fábricas de cemento si luego estimula la producción de las españolas –que no las tienen– para comprárselo más barato? ¿Qué adelantamos regulando la pesca de la ballena en acuerdos internacionales, si Rusia y Japón eluden el compromiso para aprovecharse de la cordura y la inhibición ajenas? ¿Qué sentido tienen las precauciones suecas con los vertimientos de sus papeleras, si las rusas llenan el mar Báltico de mercurio? ¿Qué podemos sacar, en fin, en limpio de la disposición americana proscribiendo el empleo del DDT, si al mismo tiempo envía sus excedentes a los países subdesarrollados a precios de saldo? Mientras el respeto a los delicadísimos mecanismos ecológicos no sea actitud desinteresada y general, apenas adelantaremos un paso. En este juego participamos todos, pero nadie debe reservarse el derecho de hacer trampas. Nuestro planeta se salvará entero o se hundirá entero. Únicamente empleando la inteligencia y la razón, podremos escapar de la amarga profecía de Roberto Rossellini cuando dice que «nuestra civilización morirá por apoplejía porque nuestra opulencia contiene en sí las semillas de la muerte».

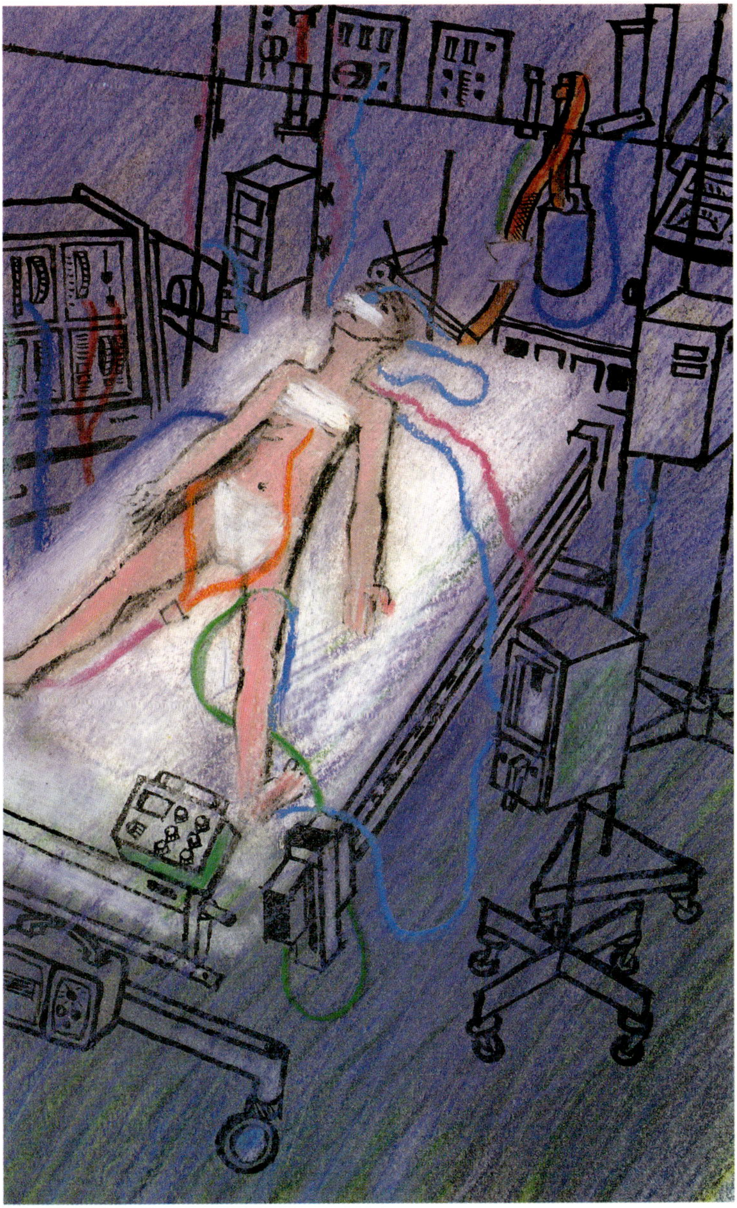

X

MI OBRA Y EL SENTIDO DEL PROGRESO

A la vista de los papeles garrapateados por mí hasta el día no necesito decir que el actual sentido del progreso no me va, esto es, me desazona tanto que el desarrollo técnico se persiga a costa del hombre como que se plantee la ecuación Técnica-Naturaleza en régimen de competencia. El desarrollo, tal como se concibe en nuestro tiempo, responde, a todos los niveles, a un planteamiento competitivo. Bien mirado, el hombre del siglo XX no ha aprendido más que a competir y cada día parece más lejana la fecha en que seamos capaces de ir juntos a alguna parte. Se aducirá que soy pesimista, que el cuadro que presento es excesivamente tétrico y desolador, y que incluso ofrece unas tonalidades apocalípticas poco gratas. Tal vez sea así: es decir, puede que las cosas no sean tan hoscas como yo las pinto, pero yo no digo que las cosas sean así, sino que, desgraciadamente, yo las veo de esa manera. Por si fuera poco, el programa regenerador del Club de Roma con su fórmula del «crecimiento cero» y el consiguiente retorno al artesanado y «a la mermelada de la abuelita», se me antoja, por el momento, utópico e inviable. Falta una autoridad universal para imponer estas normas. Y aunque la hubiera: ¿cómo aceptar que un gobierno planifique nuestra propia familia? ¿Sería justo decretar un alto en el desarrollo mundial cuando unos pueblos –los menos– lo tienen todo y otros pueblos –los más– viven en la miseria y la abyección más absolutas? Sin duda la puesta en marcha del programa restaurador del Club de Roma exigiría unos procesos de adaptación éticos, sociales, religiosos y políticos, que no pueden improvisarse. O sea, hoy por hoy, la Humanidad no está preparada para este salto. Algunas gentes, sin embargo, ante la repentina crisis de energía que padece el mundo, han hablado, con tanta desfachatez como ligereza, del fin de la era del consumismo. Esto, creo, es mucho predecir. El mundo se acopla a la nueva situación, acepta el paréntesis; eso es todo. Mas, mucho me temo que, salvadas las circunstancias que lo motivaron, la fiebre del consumo se despertará aún más voraz que antes de producirse. Cabe, claro está, que la crisis se prolongue, se haga endémica, y el hombre del siglo XX se vea forzado a alterar sus supuestos. Mas esta alteración se soportará como una calamidad, sin el menor espíritu de regeneración y enmienda. En este caso, la tensión llegará a hacerse insoportable. A mi entender, únicamente un hombre nuevo –humano, imaginativo, generoso– sobre un entramado social nuevo, sería capaz de afrontar, con alguna probabilidad de éxito, un programa restaurador y de encauzar los conocimientos actuales hacia la consecución de una sociedad estable. Lo que es evidente, como dice Alain Hervé, es que a estas alturas, si queremos conservar la vida, hay que cambiarla.

Pero a lo que iba, mi actitud ante el problema –actitud pesimista, insisto– no es nueva. Desde que tuve la mala ocurrencia de ponerme a escribir, me ha movido una obsesión antiprogreso, no porque la máquina me parezca mala en sí, sino por el lugar en que la hemos colocado con respecto al hombre. Entonces, mis palabras de esta noche no son sino la coronación de un largo proceso que viene clamando contra la deshumanización progresiva de la Sociedad y la agresión a la Naturaleza, resultados, ambos, de una misma actitud: la entronización de las cosas. Pero el hombre, nos guste o no, tiene sus raíces en la Naturaleza y al desarraigarlo con el señuelo de la técnica, lo hemos despojado de su esencia. Esto es lo que se trasluce, imagino, de mis literaturas y lo que quizá indujo a Torrente Ballester a afirmar que para mí «el pecado estaba en la ciudad y la virtud en el campo». En rigor, antes que menosprecio de corte y alabanza de aldea, en mis libros hay un rechazo de un progreso que envenena la corte e incita a abandonar la aldea. Desde mi atalaya castellana, o sea, desde mi personal experiencia, es esta problemática la que he tratado de reflejar en mis libros. Hemos matado la cultura campesina pero no la hemos sustituido por nada, al menos, por nada noble. Y la destrucción de la Naturaleza no es solamente física, sino una destrucción de su significado para el hombre, una verdadera amputación espiritual y vital de éste. Al hombre, ciertamente, se le arrebata la pureza del aire y del agua, pero también se le amputa el lenguaje, y el paisaje en que transcurre su vida, lleno de referencias personales y de su comunidad, es convertido en un paisaje impersonalizado e insignificante.

En el primero de estos aspectos, ¿cuántos son los vocablos relacionados con la Naturaleza, que, ahora mismo, ya han caído en desuso y que, dentro de muy pocos años, no significarán nada para nadie y se transformarán en puras palabras enterradas en los diccionarios e ininteligibles para el «homo tecnologicus»? Me temo que muchas de mis propias palabras, de las palabras que yo utilizo en mis novelas de ambiente rural, como por ejemplo *aricar, agostero, escardar, celemín, soldada, helada negra, alcor,* por no citar más que unas cuantas, van a necesitar muy pronto de notas aclaratorias como si estuviesen escritas en un idioma arcaico o esotérico, cuando simplemente han tratado de traslucir la vida de la Naturaleza y de los hombres que en ella viven y designar al paisaje, a los animales y a las plantas por sus nombres auténticos. Creo que el mero hecho de que nuestro diccionario omita muchos nombres de pájaros y plantas de uso común entre el pueblo es suficientemente expresivo en este aspecto.

Y, por otro lado, ¿qué será de un paisaje sin hombres que en él habiten de continuo y que son los que le confieren realidad y sentido? A este respecto, Frederic Uhlman, refiriéndose a la creación de la reserva de Cevennes, escribe en *Le Nouvel Observateur*: «¿Qué interés tiene preservar la Naturaleza en un parque nacional si luego no se puede encontrar allí a los que, desde siempre, han vivido la intimidad de su país; si no se encuentra allí a los que saben dar su nombre a la montaña y que, al hacerlo, la dan vida? Cada vez que muere una palabra de *patois*, que desaparece un caserío solitario en pleno campo o que no hay nadie para repetir el gesto de los humildes, su vida, sus historias de caza y el mito viviente, entonces es la Humanidad entera la que pierde un poco de su savia y un poco más de su sabor». «El chopo del Elicio», «El Pozal de la Culebra» o «Los almendros del Ponciano», a que me refiero en mi relato *Viejas historias de Castilla la Vieja*, son, en efecto, un trozo de paisaje y de vida, imbricados el uno en la otra, como los trigales de Van Gogh o nuestra propia casa animada por la personalidad de cada uno de nosotros y enteramente distinta a todas las demás incluso en el más pequeño de los desconchones. Cada una de esas parcelas del paisaje alberga historias o mitos que son vida, han sido vivificados por el Elicio o el Ponciano y, a la vez, hablan a los demás; el día que pierdan su nombre, si es que subsisten todavía físicamente, no serán ya más que un chopo, unos almendros o un pozal reducidos al silencio, objetivados, muertos, no más significantes que cualquier otro árbol o rincón municipalmente establecido. Y este destino, como añade Uhlman, nos advierte inequívocamente de que nos estamos aproximando a uno más, y no el menos pavoroso, de los resultados de nuestra incontrolada tecnología: la pasión y muerte de la Naturaleza.

El éxodo rural, por lo demás, es un fenómeno universal e irremediable. Hoy nadie quiere parar en los pueblos porque los pueblos son el símbolo de la estrechez, el abandono y la miseria. Julio Senador advertía que el hombre puede perderse lo mismo por necesidad que por saturación. Lo que no imaginaba Senador es que nuestros reiterados errores pudieran llevarle a perderse por ambas cosas a la vez, al hacer tan invivible la aldea como la megápolis. Los hombres de la segunda era industrial no hemos acertado a establecer la relación Técnica-Naturaleza en términos de concordia y a la atracción inicial de aquélla concentrada en las grandes urbes, sucederá un movimiento de repliegue en el que el hombre buscará de nuevo su propia personalidad, cuando ya tal vez sea tarde porque la Naturaleza como tal habrá dejado de existir.

En esta tesitura, mis personajes se resisten, rechazan la masificación. Al presentárseles la dualidad Técnica-Naturaleza como dilema, optan resueltamente por esta que es, quizá, la última oportunidad de optar por el humanismo. Se trata de seres primarios, elementales, pero que no abdican de su humanidad; se niegan a cortar las raíces. A la sociedad gregaria que les incita, ellos oponen un terco individualismo. En eso, tal vez, resida la última diferencia entre mi novela y la novela objetiva o behaviorista. Ramón Buckley ha interpretado bien mi obstinada oposición al gregarismo cuando afirma que en mis novelas yo me ocupo «del hombre como individuo y busco aquellos rasgos que hacen de cada persona un ser único, irrepetible». Es esta, quizá, la última razón que me ha empujado a los medios rurales para escoger los protagonistas de mis libros. La ciudad uniforma cuanto toca; el hombre enajena en ella sus perfiles característicos. La gran ciudad es la excrecencia y, a la vez, el símbolo del actual progreso. De aquí que el Isidoro, protagonista de mi libro *Viejas historias de Castilla la Vieja*, la rechace y exalte la aldea como último reducto del individualismo: «Pero lo curioso –dice– es que allá, en América, no me mortificaba tener un pueblo y hasta deseaba que cualquiera me preguntase algo para decirle: "Allá, en mi pueblo, al cerdo lo matan así o asao". O bien: "Allá en mi pueblo, la tierra y el agua son tan calcáreas que los pollos se asfixian dentro del huevo sin llegar a romper el cascarón"... Y empecé a darme cuenta entonces de que ser de pueblo era un don de Dios y que ser de ciudad era un poco como ser inclusero y que los tesos y el nido de la cigüeña y los chopos y el riachuelo y el soto eran siempre los mismos, mientras las pilas de ladrillos y los bloques de cemento y las montañas de piedra de la ciudad cambiaban cada día y, con los años, no quedaba allí un solo testigo del nacimiento de uno, porque mientras el pueblo permanecía, la ciudad se desintegraba por aquello del progreso y las perspectivas de futuro».

Esto ya expresa en mis personajes una actitud ante la vida y un desdén explícito por un desarrollo desintegrador y deshumanizador, el mismo que induce al Nini, el niño sabio de *Las Ratas*, a decir a Rosalino, el Encargado, que le presenta el carburador de un tractor averiado, «de eso no sé, señor Rosalino, eso es inventado». Esta respuesta displicente no envuelve un rechazo de la máquina, sino un rechazo de la máquina en cuanto obstáculo que se interpone entre los corazones de los hombres y entre el hombre y la Naturaleza. Mis personajes son conscientes, como lo soy yo, su creador, de que la máquina, por un error de medida, ha venido a calentar el estómago del hombre pero ha enfriado su corazón. Así, cuando Juan Gualberto, el Barbas, protagonista de *La caza de la perdiz roja*, se dirige a su interlocutor, el cazador, y le dice: «Desengáñese, Jefe, los hombres de hoy no tienen paciencia. Si quieren ir a América, agarran el avión y se plantan en América en menos tiempo del que yo tardo en aparejar el macho para ir a Villagina. Y yo digo, si van con estas prisas, ¿cómo c... van a tener paciencia para buscar la perdiz, levantarla, cansarla y matarla luego, después de comerse un taco tranquilamente a la abrigada charlando de esto y de lo otro?», cuando el Barbas dice esto, repito, con su filosofía directa y socarrona, está exaltando lo natural frente al artificio avasallador de la técnica, está condenando los apremios contemporáneos, el automatismo y la falta de comunicación. En una palabra, está rechazando una torpe idea de progreso que, para empezar, ha dejado su pueblo deshabitado. El Barbas, como el resto de mis personajes, buscan asideros estables y creen encontrarlos en la Naturaleza. El viejo Isidoro regresa de América con la ilusión obsesiva de encontrar su pueblo como lo dejó. A su modo, intuye que el verdadero progresismo ante la Naturaleza, como dice Aquilino Duque, es el conservadurismo. En rigor, una constante de mis personajes urbanos es el retorno al origen, a las raíces, particularmente en momentos de crisis: Pedro, protagonista de *La sombra del ciprés*, refugia en el mar su misoginia; Sebastián, de *Aún es de día*, escapa al campo para ordenar sus reflexiones; Sisí, el hijo de Cecilio Rubes, descubre en la Naturaleza el sentido de la vida; a la Desi, la criada analfabeta de *La Hoja Roja*, la persigue su infancia rural como la propia sombra... Esta actitud se hace pasión en Lorenzo, cazador y emigrante, quien en un rapto de exaltación, ante el anuncio de una nueva primavera, escribe en su *Diario*: «El campo estaba hermoso con los trigos apuntados. En la coquina de la ribera había ya chiribitas y matacandiles tempranos. Una ganga vino a tirarse a la salina y viró al guiparnos. Volaba tan reposada que la vi a la perfección el collarón rojo y las timoneras picudas... Era un espectáculo. Así, como nosotros, debió de sentirse Dios al terminar de crear el mundo».

Mis personajes hablan poco, cierto, son más contemplativos que locuaces, pero antes que como recurso para conservar su individualismo, como dice Buckley, es por escepticismo, porque han comprendido que a fuerza de degradar el lenguaje lo hemos inutilizado para entendernos. De ahí que el Ratero se exprese por monosílabos; Menchu en un monólogo interminable, absolutamente vacío; y Jacinto San José trate de inventar un idioma que lo eleve sobre la mediocridad circundante y evite su aislamiento. Mis personajes no son, pues, asociales, insociables ni insolidarios, sino solitarios a su pesar. Ellos declinan un progreso mecanizado y frío, es cierto, pero, simultáneamente, este progreso los rechaza a ellos, porque un progreso competitivo, donde impera la ley del más fuerte, dejará ineluctablemente en la cuneta a los viejos, los analfabetos, los tarados y los débiles. Y aunque un día llegue a ofrecerles un poco de piedad organizada, una ayuda –no ya en cuanto semejantes sino en cuanto perturbadores de su plácida digestión– siempre estará ausente de ella el calor. «El hombre es un ser vivo en equilibrio con los demás seres vivos», ha dicho Faustino Cordón. Y así debiera ser, pero nosotros, nuestro progreso despiadado, ha roto este equilibrio con otros seres y de unos hombres con otros hombres. De esta manera son muchas las criaturas y pueblos que, por expresa renuncia o porque no pudieron, han dejado pasar el tren de la abundancia y han quedado marginados. Son seres humillados y ofendidos –la Desi, el viejo Eloy, el tío Ratero, el Barbas, Pacífico, Sebastián...– que inútilmente esperan, aquí en la Tierra, algo de un Dios eternamente mudo y de un prójimo cada día más remoto. Estas víctimas de un desarrollo tecnológico implacable, buscan en vano un hombro donde apoyarse, un corazón amigo, un calor, para constatar, a la postre, como el viejo Eloy de *La Hoja Roja*, que «el hombre al meter el calor en un tubo creyó haber resuelto el problema pero, en realidad, no hizo sino crearlo porque era inconcebible un fuego sin humo y de esta manera la comunidad se había roto».

Seguramente esta estimación de la sociedad en que vivimos es lo que ha motivado a Francisco Umbral y Eugenio de Nora a atribuir a mis escritos un sentido moral. Y, en verdad, es este sentido moral lo único que se me ocurre oponer, como medida de urgencia, a un progreso cifrado en el constante aumento del nivel de vida. A mi juicio, el primer paso para cambiar la actual tendencia del desarrollo, y, en consecuencia, de preservar la integridad del Hombre y de la Naturaleza, radica en ensanchar la conciencia moral universal. Esta conciencia moral Universal, fue, por encima del dinero y de los intereses políticos, la que detuvo la intervención americana en el Vietnam y la que viene exigiendo juego limpio en no pocos lugares de la Tierra. Esta conciencia, que encarno preferentemente en un amplio sector de la juventud, que ha heredado un mundo sucio en no pocos aspectos, justifica mi esperanza. Muchos jóvenes del este y del oeste reclaman hoy un mundo más puro, seguramente, como dice Burnet, por ser ellos la primera generación con DDT en la sangre y estroncio 90 en sus huesos.

Porque si la aventura del progreso, tal como hasta el día la hemos entendido, ha de traducirse inexorablemente, en un aumento de la violencia y la incomunicación; de la autocracia y la desconfianza; de la injusticia y la prostitución de la Naturaleza; del sentimiento competitivo y del refinamiento de la tortura; de la explotación del hombre por el hombre y la exaltación del dinero, en ese caso, yo, gritaría ahora mismo, con el protagonista de una conocida canción americana: «¡Que paren la Tierra, quiero apearme!»

ÍNDICE

Diseño: Norbert Denkel
Ilustraciones: Celestino Piatti
Círculo de Lectores, S.A.
Valencia 344, 08009 Barcelona
1 3 5 7 9 8 8 0 3 8 6 4 2
Licencia editorial para Círculo de Lectores
por cortesía de Ediciones Destino.

Depósito legal: B. 1651-1988
Fotocomposición: gama, s.a.
Arístides Maillol, 3, 1.° 1.ª 08028 Barcelona
Impresión y encuadernación: Printer industria gráfica, s.a.
N. II, Cuatro caminos s/n, 08620 Sant Vicenç dels Horts
Barcelona, 1988. Printed in Spain
ISBN 84-226-2459-1
N.° 30122